W9-BHA-567

Mariposas

Grace Hansen

ABDO
INSECTOS
Kids

Visit us at www.abdopublishing.com

Published by Abdo Kids, a division of ABDO, P.O. Box 398166, Minneapolis, Minnesota 55439.

Copyright © 2015 by Abdo Consulting Group, Inc. International copyrights reserved in all countries.
No part of this book may be reproduced in any form without written permission from the publisher.

Printed in the United States of America, North Mankato, Minnesota.

072014

092014

**THIS BOOK CONTAINS
RECYCLED MATERIALS**

Photo Credits: iStock, Shutterstock, Thinkstock

Production Contributors: Teddy Borth, Jennie Forsberg, Grace Hansen

Design Contributors: Dorothy Toth, Renée LaViolette, Laura Rask

Library of Congress Control Number: 2014938849

Cataloging-in-Publication Data

Hansen, Grace.

[Butterflies. Spanish]

Mariposas / Grace Hansen.

   p. cm. -- (Insectos)

ISBN 978-1-62970-333-6 (lib. bdg.)

Includes bibliographical references and index.

1. Butterflies--Juvenile literature. 2. Spanish language materials--Juvenile literature.

I. Title.

595.78--dc23

2014938849

Contenido

Mariposas

Las mariposas son insectos.

Los escarabajos, las libélulas

y las hormigas son insectos

también.

4

Todas las mariposas comienzan siendo **orugas**. Las orugas forman **crisálidas**. La crisálida es como una cáscara.

7

La oruga cambia dentro de la crisálida. ¡Se convierte en mariposa!

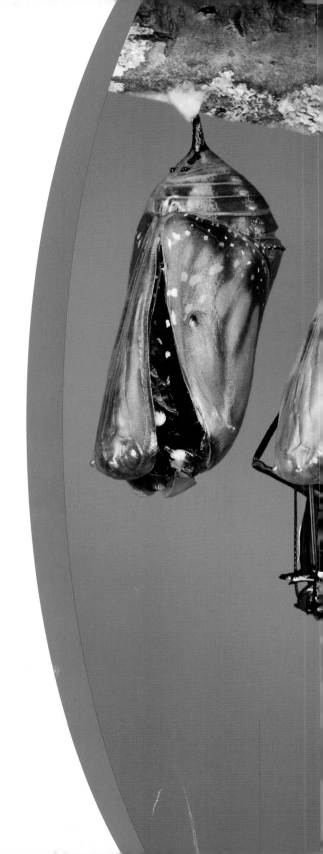

9

Las mariposas viven en muchos lugares. Se las puede ver con frecuencia donde haya flores y plantas.

11

Las mariposas pueden ser de muchos tamaños y colores. Algunas mariposas tienen **dibujos** bonitos en sus alas.

13

El cuerpo de las mariposas tiene tres partes principales. La cabeza, el **tórax** y el **abdomen**.

cabeza

tórax

abdomen

15

Las mariposas tienen dos ojos grandes y dos **antenas**. Tienen seis patas y cuatro alas.

Alimentación

Las mariposas toman **néctar** y savia de las plantas.

18

19

Las mariposas ayudan al planeta Tierra

Una mariposa lleva **polen** de flor en flor. Esto ayuda a que las plantas crezcan.

20

Más datos

- En el otoño y en la primavera las mariposas monarca emigran 2,000 millas (3,219 km). Viajan desde los Grandes Lagos hasta el Golfo de México.

- Las mariposas prueban la comida con sus patas. Así es cómo deciden si es lo que buscan cuando llegan a una hoja o una planta.

- Las mariposas tienen una pieza bucal especial llamada probóscide. Parece un popote. La usan para tomar néctar de las plantas.

Glosario

abdomen – la parte trasera del cuerpo de un insecto.

antenas – los dos órganos largos y delgados en la cabeza de los insectos.

crisálida – una cáscara dura que recubre a la mariposa dentro del capullo.

dibujos – repetición de formas que crean un diseño.

néctar – líquido dulce que producen las plantas.

oruga – una mariposa en el estado de larva. Parece un gusano.

polen – los pequeños granos amarillos que producen las flores.

tórax – la parte del medio del cuerpo de un insecto.

Índice

abdokids.com

¡Usa este código para entrar a abdokids.com y tener acceso a juegos, arte, videos y mucho más!

Código Abdo Kids :

IBK0397